RESILIENCE WORKBOOK for BEGINNERS

はじめてのレジリエンスワークブック

折れない心のつくりかた

日本ポジティブ心理学協会（JPPA）著
宇野カオリ 監修　滝本繁（JPPAトレーナー）執筆

すばる舎

はじめに

　「レジリエンス」ならびに「レジリエンス・トレーニング」というと、欧米ではほぼ一般用語として普及している言葉なのですが、ビジネス誌を通して日本で初めて紹介した2010年当時、この言葉を知る人はまだほとんどいませんでした。今やこうした状況が一変し、メディアでも取り上げられる機会が増え、レジリエンスに多くの注目が集まりつつある中で、改めて、その大切さを実感しています。

　本書では、「レジリエンス」について、「逆境や困難から回復する力」「日常的なストレスに対処する力」としています。実際には、専門的な定義がさまざまあり、さらには、これらを高める「レジリエンス・トレーニング」についても、何をトレーニングするのかによってメソッドは異なります。

　ここで紹介する7つのワークは、米ペンシルベニア大学心理学部のマーティン・セリグマン教授らが開発し、世界中で大勢の研究者や実務家たちが20年以上もかけて多角的に効果検証を行なってきたトレーニング・メソッドに準拠しています。そのメソッドを一般の方々に向けて紹介する、日本で初めてのワークブックとなります。

　職場、学校、家庭など、あらゆる現場でこの本を手にしてくださるお一人おひとりにとって、有意義なトレーニング体験となれば幸いです。そして、このワークブックが、少しでも皆様の人生のお役に立てるようであれば、本望です。

2016年10月吉日
　　　　　　　　日本ポジティブ心理学協会代表理事　宇野カオリ

プロローグ

レジリエンスで、もっと豊かな人生を送る

レジリエンスってなんだろう？

「もうダメだ」「ああ、本当に最悪」「どうして、私ばっかり」「なぜ、いつもこんなことに」「どうせ、自分なんて」……こんな気分が続くようなら、レジリエンスを身につけるチャンスです。

　レジリエンスとは、「逆境や困難から立ち直る力」であり、「日常的なストレスに対処する力」でもあります。レジリエンスは、幼い頃からのさまざまな経験を通して、誰もが自然と身につけていく力であり、私たちの人生を大きく左右する能力として、近年とくに注目を集めています。

こんなときこそ、レジリエンスの出番です

たとえばこんなとき、みなさんなら、どのように反応しますか？

・災害や事故に遭遇した、または、巻き込まれた
・家族が亡くなった
・勤務先が倒産した、または、失業した
・職場で目標未達成を、強くとがめられている
・顧客から、理不尽なクレームを受けている
・判断ミスを、厳しく追及されている
・入社試験や昇格試験の面接
・結婚や進路など、人生を左右する決断を迫られている

- 失恋した、あるいは、離婚した
- 成績が大幅に落ちた
- スポーツの試合で勝敗のかかったプレー
- 育児の分担で夫婦ゲンカが絶えない
- 配偶者の親と折り合いが悪い

　人生の逆境や困難となるような、さまざまな場面。このような状況で、感情的になったり、やけを起こしたり、逃げ出したくなったり、とことん落ち込んでしまったり……といった経験はないでしょうか？

　こんなときこそ、**気持ちを立て直して、前向きに対処していけるかどうか**で、人生の充実度は大きく変わってきます。まさにレジリエンスの出番なのです。

ストレスに上手に対処する力

　私たちは、日々、誰もが大なり小なりストレスを感じながら生きています。しかし、何をストレスと感じるかや、感じるストレスの程度は、人によってさまざまです。

　それどころか、適度なストレスは、刺激や動機づけになり、むしろ生産的な行動を生む良いきっかけにもなります。そういう意味では、すべてのストレスが悪いわけではなく、私たちはすべての苦境や試練から逃げ回る必要はないのです。

　ストレスで問題となるのは、それを強く感じすぎて、理性的な思考ができなくなり、コントロールを失ってしまう場合です。感情に振り回され、判断力や行動力が低下してしまうので、職場でも家庭でも学校でも、良くない結果を招いて苦しむことになります。

レジリエンスのねらいは、このような場合の対処能力を高めていくことにあります。体得すればするほど、その人の行動の幅を広げ、人生の成長や成功や幸福を促していく、まさに**生きるための「ライフスキル」**なのです。

レジリエンスでより豊かな人生を送る

では、レジリエンスを身につけると、私たちの人生にどんな良いことがあるのでしょうか。順に見ていきたいと思います。

①毎日のイライラに効く

上司や同僚と口論になったり、車が突然故障してしまったり、朝っぱらから子どもがグズり出したり……。一つひとつはささいなことでも、日々の暮らしの中で、ネガティブな気分を引きずっていると、それだけ長く人生を嫌な気分で過ごすことになってしまいます。

レジリエンスを高めると、イライラする回数が減ります。たとえ、苛立ちを感じても、**「なぜ自分はそう感じるのか」**と原因を特定して、**「次からはこうしてみよう」**と対策を講じることもできるので、同じ状況を繰り返すということが減っていきます。

その他、不安、恐怖、焦り、落ち込みなど、さまざまなマイナスの感情にも、早めに対処できるので、毎日をより快適に過ごし、人生の幸福度を高めていくことができます。

②人間関係に効く

職場で、家庭で、あるいは学校で、人間関係に悩んでいる人は多いのではないでしょうか。高圧的な上司や先輩に辟易したり、パートナーや恋人とケンカが絶えなかったり、ご近所付き合いを疎まし

いと思ったり……。

レジリエンスを身につけることで、相手の人格を攻撃したり、非現実的な要求を突きつけていたり、といった自分の問題が見えてくるだけでなく、**「なぜ相手はこんなことを言うのだろう？」**といった共感力も高まるので、より良い解決策を見出しやすくなります。

また、拒絶や対立を恐れず、こちらから相手に働きかけることができるようになるので、自ら積極的に関係を改善していくことができます。

③仕事に効く

「今月のノルマ達成が危うい」「異動で新しい仕事に慣れない」「ライバル会社に大口顧客を奪われた」……など、職場で何らかの危機や困難に直面している人も多いかもしれません。

レジリエンスによって、柔軟で正確な考え方が身につくと、より現実的で有効な解決策が見出せるようになり、こうした問題にも建設的に対処していくことができるようになります。

また、たとえ失敗しても、そこから多くを学んで、次につなげていくたくましさも身についていきます。要するに、仕事がデキる人になれる、ということです。

ただし、ここで誤解のないようにお伝えしておきたいのですが、レジリエンスの目的は、無理難題をこなす「打たれ強さ」を身につけることではありません。**より理性的で創造的な思考によって、問題解決能力を高めていくことが目的なのです。**

仕事は辛抱して行なう「つらいこと」ではなく、勇気を出して挑戦できる「おもしろいこと」として、取り組めるようになるのです。

④子育てに効く

逆境や困難は、大人だけが体験するものではありません。子ども

だって、同じです。友人関係、勉強、習い事などに始まり、成長するにつれて、自意識の目覚めや、反抗期、アルコールやタバコ、薬の誘惑など、さまざまな試練が訪れます。

親や教師がレジリエンスを学んでおけば、その姿勢を子どもに教えることができます。子どもが悩んでいるとき、一緒に解決のヒントを探したり、前向きな行動の手助けをしたりすることは、子どもの心の成長を大きく助けることになります。レジリエンスは、学校現場でも導入が進んでおり、ストレスに対処するスキルは、**子どもが生涯にわたって役立てられるスキル**と考えられているのです。

また、子育てのストレスにも効果的で、親が抱えがちな焦りや不安、怒りなど、さまざまな感情を整理することができます。イライラを取り去って、ポジティブな気持ちで子どもに向き合えるようになっていくのです。こうした取り組みは、「ポジティブ・ペアレンティング」と呼ばれて、注目を集めています。

⑤ なりたい自分になれる

仕事でも人間関係でも、新しいことに乗り出そうとするときには、誰もが不安を感じます。「失敗したらどうしよう」「拒絶されたらどうしよう」という恐れから、二の足を踏んでしまいがちです。

しかし、レジリエンスを身につけると、現実に即した楽観性を発揮できることで、新しい一歩を踏み出しやすくなります。また、練習を重ねることで、自分についての気づきが増え、自分の理想に近づくための行動のヒントを見つけやすくなります。

「自分を行動から遠ざけている思い込みは何か？」「ずっとやってきた望ましくない行動は何か？」などを見ていくことで、新たな行動を起こし、なりたい自分にどんどん近づいていくことができます。

新しい心の習慣、レジリエンス

　レジリエンスのスキルの多くは、繰り返しの練習によって、身につけることができます。本書で紹介する、**世界中で実施されている7つのワーク**に取り組んでいけば、誰でも必ず身につけられるはずです。

　ワークの目的は、今ある自分の「思考」をできるだけ柔軟で正確なものに鍛えていくことにあります。レジリエンスが必要な場面で、これまでとは異なる**レジリエントな思考**ができるようになることを目指します。自分の頭の中をどんどんバージョンアップしていくようなものだと考えてみてもいいでしょう。

　実際に、パソコンであれば、別のOSやアプリケーションに入れ替えてしまえばいいのでしょうが、人間の脳はそうはいきません。私たちは誰もがそれぞれ、すでに長く使ってきた思考スタイルを持っており、それこそが、まさに自分自身のかけがえのない個性を形づくるものでもあるからです。それをより良いものへと育てていくには、繰り返しの練習で一歩ずつ成長していくしかありません。

　少し時間はかかりますが、やれば必ず、変わります。脳の中に、新しい思考の配線を育てているのだと思って、ぜひワークを始めてみてください。

はじめに …… 3　　プロローグ …… 4

ワーク1　「ABC分析」で自分を知る
そのとき、頭の中はどうなっている?
→ 14

ワーク2　「思考のワナ」から抜け出す
ピンチのときほど、勘違いしがち
→ 34

ワーク3　「氷山思考」を探り当てる
あなたを突き動かすのは、こんな信念
→ 50

はじめてのレジリエンスワークブック
折れない心のつくりかた
CONTENTS

ワーク 4 自分の「思い込み」に挑む
それって、本当に正しいの？
→ **64**

ワーク 5 未来の「シナリオ」を書き直す
そんなに心配しなくても、大丈夫
→ **80**

ワーク 6 一瞬で心を静める「エクササイズ」
いざというときの、緊急対策いろいろ
→ **92**

ワーク 7 窮地で自分の思考に反論する
リアルタイムで、レジリエンスを発揮
→ **108**

ワークシート集 …… 116　　おわりに …… 122

ワーク 1

「ABC分析」で自分を知る

そのとき、頭の中はどうなっている？

ワーク 2
「思考のワナ」から抜け出す
ピンチのときほど、勘違いしがち

ワーク 3
「氷山思考」を探り当てる
あなたを突き動かすのは、こんな信念

ワーク 4 自分の「思い込み」に挑む
それって、本当に正しいの?

ワーク 5 未来の「シナリオ」を書き直す
そんなに心配しなくても、大丈夫

ワーク 6 一瞬で心を静める「エクササイズ」
いざというときの、緊急対策いろいろ

ワーク 7 窮地で自分の思考に反論する
リアルタイムで、レジリエンスを発揮

ワーク・1
「ABC分析」で自分を知る
～そのとき、頭の中はどうなっている？～

いかに出来事に対処するか

　人は誰でも、ある「出来事」によって、自分自身が傷つけられたり、怒りを感じたり、という経験を持っているものです。

　たとえば、周囲に自分の失敗を指摘される、注意されるというような場合がそうです。ちょっとした行き違いのような小さなものから、肉親の死や失業のような非常に大きなものまで、さまざまあるはずです。

　それらの「出来事」を経験した結果、悲しみや喪失感などの「感情」を抱いたり、思わず反発するような「行動」を取ってしまうこともあるでしょう。このような**自分自身に影響を与える「出来事」に対して、どのように自分で対処するか**ということがレジリエンスの大きなテーマの一つです。

ABCで世界をとらえる私たち

　多くの人は、「出来事」が直接、私たちの「感情や行動」を引き起こしていると思っています。

　しかし、実はそうではなく、「出来事」と「結果としての感情や行動」の間には、もう一つ段階があります。それが、**「出来事をどのよう認識して解釈したか」**という思考のプロセスです。

整理すると、人が何かを経験するときの一連のプロセスは、「A 出来事」→「B 解釈」→「C 結果」の3つの流れで表すことができます。この一連のプロセスは、これら3つの英単語の頭文字を取って、**ABC理論**と呼ばれています。

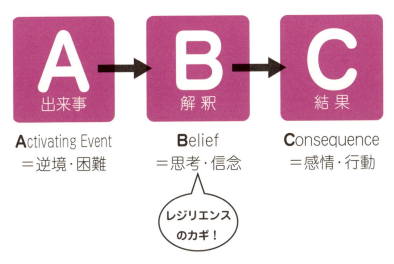

世界をとらえるときの3つのプロセス（ABC理論）

解釈しだいで、感情や行動が変わる

このABC理論では、「A 出来事」に対して、自分の「B 解釈」がなされ、それを元に「C 感情や行動」が起こる、というのが一連の流れです。つまり、自分の「B 解釈」が変われば、発生する「C 感情や行動」が変わるということです。

要するに、自分の解釈しだいで、「湧き起こった負の感情を必死で抑え込んで我慢する」とか、「思わず取ってしまった言動をいつまでも後悔する」といったことをしなくてよくなります。レジリエンスの鍵は、この「**B 解釈**」をいかにとらえ直すか、にあると言えるのです。

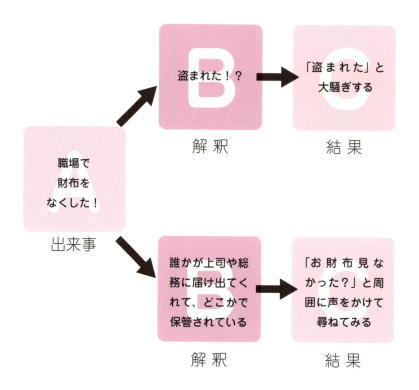

自分の思考のクセを知る、6つのステップ

　ワーク1では、ABC理論を構成する3つの要素、「A 出来事」「B（出来事の）解釈」「C（解釈から生まれる）感情や行動」について、自分がどういう傾向があるのかを、実際に分析していきます。それによって、「何が自分にとって苦手な出来事なのか」を把握することが、レジリエンス力を高めるための第一歩になります。

　この「ABC分析」は、本書の他のワークでも活用していく基本のワークなので、いち早く取り組んで、やり方に慣れることをおすす

めします。

ワーク1は、次の**6つのステップ**で進めていきます。

ステップ1	気になる「出来事」を書き出す
ステップ2	自分の「苦手な出来事」を特定する
ステップ3	自分の「解釈」を書き出してみる
ステップ4	「ABC日記」で思考をキャッチする
ステップ5	自分の「反応パターン」を見つける
ステップ6	自分の「思考のクセ」を知る

それでは次ページから、各ステップについて、順に取り組んでいきましょう。

ステップ1 気になる「出来事」を書き出す

次のように、「最近うまくいかなかったこと」や「感情的になったこと」を5〜10個、紙やノートに書き出してみましょう。

No.	出来事	感情	行動	評価
1	仕事でミスをした。	恥ずかしい、戸惑い		
2	上司があいさつを返してくれなかった。	悲しい、傷ついた、腹が立つ		
3	実家からの宅配便がなかなか受け取れない。	イライラ、失望、ちょっとだけ罪悪感	定時帰宅できた木曜になんとか受け取った。	
4	どうしてもやりたかった企画がボツになった。	がっかり、どうして？		
5	夫が帰宅が遅くなることを連絡してこない。	怒り、うんざり	ちゃんと連絡するようにきつく言い渡した。	
6	電車を待っているときに順番を抜かされた。	ムカッとした		
7	またKさんの仕事の尻ぬぐいで残業。	怒り、うんざり	引き受けてしまった。	
8	同僚に本を貸したら汚れてもどってきた。	不愉快、がっかり	とくに指摘しなかったが二度と貸さない。	
9	自転車がパンクした。	やれやれ……	休日に修理に出した。	
10	子どもがゲームばかりして、勉強しない。	怒り、うんざり、不安	1日30分ルールを作った。破ったらゲーム禁止！	

「出来事」は、できるだけネガティブで、自分にとってインパクトが大きなものがよいでしょう。なお、出来事に伴って出てきた「**感情**」**に正解・不正解はなく、複数あってもかまいません**ので、正直にすべて書き出してください。とくに行動に当てはまるものがない場合は、空欄のままで大丈夫です。

＊P116に空欄のワークシートを収録しています

ステップ2 自分の「苦手な出来事」を特定する

　ステップ1で書き出した「出来事」について、どれくらいストレスを感じるか、**1〜5段階で評価**してみましょう。

No.	出来事	感情	行動	評価
5	夫が帰宅が遅くなることを連絡してこない。	怒り、うんざり	ちゃんと連絡するようにきつく言い渡した。	4
6	電車を待っているときに順番を抜かされた。	ムカッとした		2
7	またKさんの仕事の尻ぬぐいで残業。	怒り、うんざり	引き受けてしまった。	5
8	同僚に本を貸したら汚れてもどってきた。	不愉快、がっかり	とくに指摘しなかったが二度と貸さない。	3
9	自転車がパンクした。	やれやれ……	休日に修理に出した。	2
10	子どもがゲームばかりして、勉強しない。	怒り、うんざり、不安	1日30分ルールを作った。破ったらゲーム禁止！	5

　4と5の評価をつけた出来事に注目してみてください。自分がどのような状況下で反応することが多いのか、たとえば、何に怒りを感じたり、何に不安や焦りを感じたりしてしまうのか、そこに共通する傾向はありませんか？　もしも何か気づいたことがあれば、それが自分特有の傾向で、**自分にとって気に障る「出来事」**だということです。そして、この情報は、あなたのレジリエンスを強化するのに非常に有意義な情報となります。

　なお、今の段階では、「まだ、よくわからない」という人も、本書のページを進めながら少しずつ理解を深めていけますので、心配せずにワークを進めていきましょう。

ステップ3 自分の「解釈」を書き出してみる

次に、ステップ2で自分にとって気に障る「出来事」と特定したものについて、**「解釈」**を書き出してみましょう。

No.	出来事	解釈（思考）	結果（感情・行動）	評価
5	夫が帰宅が遅くなることを連絡してこない。	またか。せっかく夕食を作っても無駄になる。共働きで疲れているのに支度をする私の苦労をわかってくれない。軽んじられている。	怒り、うんざり ちゃんと連絡するようにきつく言い渡した。	4
7	またKさんの仕事の尻ぬぐいで残業。	Kさんは、私が手伝うのを当てにして、いつも手を抜いている。そんなのずるい。	怒り、うんざり 引き受けてしまった。	5
10	子どもがゲームばかりして、勉強しない。	共働きで目が届かないのをいいことに、どんどんエスカレートしている。宿題をやっていないことが何度かあった。このまま勉強しないで成績が伸びないと、将来が心配。	怒り、うんざり、不安 1日30分ルールを作った。破ったらゲーム禁止！	5

「解釈」は、できるだけ**具体的に掘り下げていく**ことがポイントです。ただし、人間の脳の働きは驚くほど速く、「出来事」から一瞬にして「感情」や「行動」を起こしていることがしばしばです。

このため、自分が当時「どのように考えたか（解釈）」を思い出そうとしても、記憶が曖昧なことがほとんどなのです。それよりも、

「どうして、そんな感情や行動が生まれたのか（感情）」から推理していくほうが、うまくいくでしょう。

「解釈」はこんなふうに掘り下げる

たとえば、「財布がポケットの中にないことに気づいた」という出来事について、「盗まれた」と解釈し、「悲しい」と感じた場合。**なぜ「悲しい」と感じたのか**推理して、「盗まれた自分がみじめだ」とか「自分が不注意だから盗まれた」「なくしたお金が惜しい」というふうに掘り下げていくと、自分の考えをより具体的に表した考えにたどりつくことができます。

「感情」を書き変えてはいけない

ただし、注意点が一つあります。自分が書き出した「解釈」に合わないからといって、「感情」の表現を変えないようにしましょう。**変えてもいいのは、あくまでも「解釈」のほう**です。そうすることで、自分が「どのように考えていたか」という振り返りを正しく行なうことができ、これこそがレジリエンスを磨くための第一歩となります。

ここまでの1～3のステップで、**「自分の事例をABCに分解して考える」**ことをひと通り実践していただきました。自分の傾向に気づくきっかけになったのではないでしょうか。

このように、レジリエンス力を高めるためには、「出来事」の最中に頭を横切る「自分の声」ともいうべき思考に、どれだけ心を傾け、それを聞くことができるかということが重要になってきます。

ステップ4 『ABC日記』で思考をキャッチする

　ここでは、自分の思考について、より実践的に振り返るトレーニングを行ないます。名づけて『ABC日記』です。

　1日を振り返って、毎日3つ、心の中のつぶやきを、次のようなシートに記入していきましょう。1週間、トライしてみてください。

日付	出来事	思考（解釈）	結果（感情・行動）	点数
10/25	来月から、突然、隣のチームのヘルプに入ることになった。	それまでに今の仕事が片付かないかもしれない。決める前に、自分の仕事の状況を聞いてもらいたかった。	不安、困惑、怒り	5
	プリンターが、トナー切れのまま放置されていた。	見て見ぬふりした人がいるはず。	怒り、呆れる トナーを交換した。	3
	Tさんとの会食。行きつけの店が満員で、5軒も連れ回してようやく（入れた）。	平日だからと油断して、予約をしていなかった。手を抜いた、段取りが悪（かった）。	罪悪感、焦り Aさんに謝った。	4

A こんなことがあって → **B** こう考えたから → **C** こう感じてこうしたんだよね

　『ABC日記』に書いた事例について、声に出して説明してみましょう。「A こんなことがあって」→「B こう考えたから」→「C こう感じて、こうしたんだよね」というふうに振り返ることができたら、このステップはクリアです。自分の一連の反応について、客観的に把握するトレーニングとして非常に有効です。

＊P117に空欄のワークシートを収録しています

思考には４つのタイプがある

こうして書き出した思考には、さまざまなものがあるでしょう。ここでレジリエンスを高めていくためには、書き出す**思考の種類**にも着目することで、より効果的なトレーニングを行なうことができます。

私たちの思考は、大きく次の４つのタイプに分けることができます。みなさんは、どのタイプの思考が多いでしょうか？　順に見ていきましょう。

思考のタイプ

タイプ①なぜ思考
その出来事が起こる原因についての思考。過去に向かって原因を探っていく。「なぜ、こんなことが起こったのか」「問題の原因は何か」について考えることで、問題解決につながりやすくなります。

タイプ②次は何思考
次にどんな出来事が起こるかについての思考。未来に向かって推測が行なわれていく。「この状況が意味することは何か」「次に起こる

ことは何か」と考えることで、未来に向けて対策を講じやすくなります。

タイプ③実況中継

そのときの状況を説明する思考。「この人、また言い訳してる」「この会議、もう2時間もやってる」など、**そのときに頭の中に浮かんで流れていく内容**に終始してしまいます。

タイプ④評価

何かについて評価を下す思考。「こんなの、時間のムダだ」「彼女は、がっかりしたに違いない」など、**状況に対する評価**を語ります。評価はあくまで自分の判断であって、客観的な事実に照らし合わせたものではありません。

「なぜ思考」「次は何思考」に注目!

　本書のワーク4と5でも触れますが、こうして湧き出てくる思考のうち、①「なぜ思考」②「次は何思考」が、より自分の思考の傾向**をつかむために役立つ深い思考**だと言えます。逆境や困難への対処能力を高めるカギとなる思考で、レジリエンスを高める上で大きな手がかりになるので、どんどん書き出していきましょう。

　なお、③「実況中継」や、④「評価」しか出てこない場合は、表面的な叙述に終始して、自分の真の思考の傾向を知ることが難しくなります。その場合は、「それの何が問題なのか」「どうしてそう感じるのか」などと、自分に問いかけてみましょう。そうすることで、次第に自分の思考を掘り下げられるようになり、さまざまな出来事に柔軟に対処できるようになっていきます。

ワーク・1 ① ② ③ ④ ❺ ⑥

ステップ5 自分の「反応パターン」を見つける

　『ABC日記』で、自分が瞬間的に抱く思考について、より具体的に知ることができたと思います。ここでは、さらにもう一歩進めて、自身の「思考」をもとに形成される「反応パターン」について見ていきましょう。反応パターンは大きく5つに分けられます。

反応パターン1 他人に権利を侵害された……………怒り

反応パターン2 大切なものを失った……………………悲しみ

反応パターン3 他人の権利を侵害してしまった………罪悪感

反応パターン4 未来への脅威……………………………不安

反応パターン5 人前で低評価された……………………羞恥心

　自分がどのパターンに近い傾向を持つかを知っておくことは、これからレジリエンスを磨いていくための大切なステップとなります。どれに当てはまるかピンと来ない場合は、普段自分が振り回されがちな「感情」を手がかりにすると、特定しやすくなります。

反応パターン 1　他人に権利を侵害された怒り

「誰かが自分に対して害を与えた」と思考するパターンです。自分の本来の行動が妨害される、自分にとっての当然の権利が奪われるといった考えも含みます。**「こんな出来事が起こったのは、相手のせいだ」**と考えて、相手を敵視することから「怒り」が生まれ、相手に対して「戦いを挑もう」という行動へとつながっていきます。

このパターンの人は、早とちりして、事実を誤って理解したり、自分の推測が絶対的な事実だと認識してしまったりしがちです。また、「怒り」の感情が非常に強いので、自分が苦しむだけでなく、衝動をコントロールする能力も低下して、まわりともトラブルを起こしがちです。

反応パターン 2 大切なものを失った悲しみ

「自分の大切なものを失ってしまった」と思考するパターンです。人間関係や、仕事、友人、恋人、さらには自尊心などの喪失を感じやすい思考です。**「それらを失ったのは、自分のせいだ」** と受け止めるので、「悲しみ」や「落ち込み」を感じやすくなります。

このパターンの人は、悲しみや落ち込みを感じやすいので、抑うつ状態に陥りやすくなります。心のエネルギーが消耗するだけでなく、身体の不調につながることもあります。集中力が落ちて、出来事に対して受け身になり、気力をどんどん失っていきます。

反応パターン 3　他人の権利を侵害してしまった
------罪悪感

　「まわりの人に害を及ぼしてしまった」と思考するパターンです。誰かとの約束事を破ることであったり、たとえば節約やダイエットなど、自分自身が決めたルールを破る場合なども含まれます。**「取り返しのつかないことをしてしまった」「自分はもっとましな行動が取れたはずなのに」**などと罪悪感を抱きます。

　このパターンの人は、あまり自分に厳しすぎると、自分への怒りや悲しみから、たびたび苦しむことになります。ただし、すべての罪悪感が悪いわけではありません。そうした感情をうまく利用すれば、次回からの行動をより良いものに改めることも可能です。罪悪感より羞恥心が強いという人は、「反応パターン5」を参考にしてください。

反応パターン4 未来への脅威 ------- 不安

先々のことを考えて、不安が膨れ上がってしまうパターンです。適度な不安は、軽率な行動や向こう見ずな行動のチェック機能として役に立ちますが、**際限なく反芻(はんすう)して拡大していってしまうことで、不安に押しつぶされそうになってしまいます。**

このパターンの人は、ありもしないネガティブな妄想を膨らませて、本来の思考や行動ができなくなることがあります。不安や恐れから、自分の実力を発揮できなくなり、現実生活において、どんどん悪循環にはまっていきます。身体的にも、とくに心臓血管系にとって負担となり、疾患を引き起こす原因となることがあります。

反応パターン 5　人前で低評価された ── 羞恥心

「誰かから低く評価された」もしくは「自分の設定した基準を満たさない」と考え、羞恥心を感じるパターンです。低評価の原因として、**「自分が能力がない人間だから」**などと考えがちで、自分の存在そのものを否定的にとらえるので、自尊心が大きく傷つきます。

このパターンの人は、自分自身を否定されたと思い込むので、怒りを感じやすく、他人にも敵対的な態度を取る傾向にあります。「反応パターン3」の罪悪感を抱きやすい人とは違って、謝罪したり、行動を改めようとしたりといった前向きな反応は少なく、不安で萎縮したり、無力感から抑うつに陥りやすい傾向にあります。

ステップ6 自分の「思考のクセ」を知る

ワーク・1 ①②③④⑤❻

　ステップ4で書いた自分の『ABC日記』を見て、自分はどんな反応パターンが多いか調べてみましょう。その結果、自分の「思考のクセ」がわかってきます。

「反応パターン」のチェックリスト

日付	出来事	1 他人に権利を侵害された	2 大切なものを失った	3 他人の権利を侵害してしまった	4 未来への脅威	5 人前で低評価された
10/28	みんなの前で部下を叱ってしまった。			○		
10/28	甘いものをドカ食いした。ドーナツ5つ。			○		
10/28	大口顧客との取引を他社に奪われた。	○				
10/29	子どもが風邪をこじらせて発熱。			○		
10/29	知人との飲み会をドタキャンした。			○		
10/29	上司が子会社に飛ばされた。自分も？				○	
10/30	知人のメールがそっけない。機嫌損ねた？		○			

　おつかれさまでした。ワーク1はこれで終了です。自分のマイナス反応を引き起こしている「思考」について、少しでも知ることができたでしょうか？ 次のワークでは、この「思考」について、今とは別の角度から、もう少し詳しく見ていきたいと思います。

ワーク1 「ABC分析」で自分を知る
そのとき、頭の中はどうなっている?

ワーク2 「思考のワナ」から抜け出す
ピンチのときほど、勘違いしがち

ワーク3 「氷山思考」を探り当てる
あなたを突き動かすのは、こんな信念

ワーク 4 自分の「思い込み」に挑む
それって、本当に正しいの?

ワーク 5 未来の「シナリオ」を書き直す
そんなに心配しなくても、大丈夫

ワーク 6 一瞬で心を静める「エクササイズ」
いざというときの、緊急対策いろいろ

ワーク 7 窮地で自分の思考に反論する
リアルタイムで、レジリエンスを発揮

ワーク・2
「思考のワナ」を抜け出す
~ピンチのときほど、勘違いしがち~

ストレスが思考の邪魔をする

　私たちは、常に物事を正確にとらえているわけではありません。日常生活においては、かなりの情報を取捨選択し、単純化して認知していることがわかっています。さらに、その認知した情報についても、無意識のうちに価値判断を下し、自分の最も好ましい結論を導き出すということが起こります。

　このような「思考のひずみ」は誰にでも見られますが、**度重なるストレスなどによって心的エネルギーが低下してくると、とくに多くなる**と考えられています。

誰もが「思考のワナ」にハマる

　私たちの脳は、何か強いストレスを感じると、それを早く取り除こうとして判断を急ごうとします。

　このため、思考にひずみが生じやすくなり、事実を必要以上にネガティブにとらえようとする力が働きます。これが**「思考のワナ」**と呼ばれるものです。

　思考のワナに陥ると、生産的な結果や行動を生みにくくなり、レジリエンスを大きく損なうことにつながります。

8つの「思考のワナ」に要注意

　ワーク２では、自分がどんな「思考のワナ」に陥りやすいかを知り、そこから抜け出すためのフレーズを学んでいきます。思考のワナは主に８つに大別でき、誰もがこのうちの２つか３つのワナに陥ると考えられています。

　以下が、**８つの「思考のワナ」**のリストです。自分はどんな傾向がありそうか、順に見ていきましょう。

思考のワナ **1**	早とちり
思考のワナ **2**	トンネル視（視野狭窄）
思考のワナ **3**	拡大化・極小化
思考のワナ **4**	個人化
思考のワナ **5**	外面化
思考のワナ **6**	過度の一般化

| 思考のワナ 7 | マインド・リーディング（思考察知） |

| 思考のワナ 8 | 感情の理由づけ |

　それでは次ページから、それぞれの思考の特徴について、詳しく見ていきましょう。

思考のワナ 1

早とちり
──────「私、何か悪いことしたみたい」

　状況を十分に把握せずに、**自分で用意した結論に飛びついてしまいます**。不安を感じたり、自分を責めたりと、本来であれば不必要なネガティブ感情を抱くことで、適切な行動が取れなくなってしまいます。

●このワナから抜け出すには？

「スローダウン、スローダウン」
「根拠は何？ どんな証拠がある？」

　気持ちを落ち着けて、自分の解釈が本当に正しいのか、ただの決めつけになっていないか、確かめる必要があります。**これまでに自分がネガティブな勘違いをしたことはないか**、日頃から自分の行動を振り返る習慣をつけておくと、いざというとき見方を変えるトレーニングになります。

思考のワナ 2

トンネル視（視野狭窄）
---------------------「私、やっぱり嫌われてる」

　出来事のマイナス面ばかりに注意が向き、プラスの面に気づくことができません。**状況を多角的に見ることができず**、いたずらに傷ついたり、不安が強まったり、焦りや緊張が増したりしてしまいます。このため、パフォーマンスが低下してしまい、本来の能力が発揮できなくなります。

●このワナから抜け出すには？
「何か見落としてない？」
「何かいいことは、起こらなかった？」

　緊張や不安、焦りなどから、出来事のネガティブな面しか見えなくなってきたら、そこで立ち止まって、**自分が見落としている点がないか、**確認する習慣をつけていきましょう。自分は本当に出来事の全体像が見えているのかどうか、落ち着いて考えてみることが有効です。

思考のワナ 3 　拡大化・極小化
-------「うまくいかないことばっかり」

　自分の独自の基準に基づいて、出来事を過大評価したり過小評価したりする傾向があります。**ほんの小さなマイナス面も大げさにとらえて、**ネガティブな思考を膨らませていきます。自分が苦しむだけでなく、周囲も辟易して、人間関係が悪化することもあります。

●このワナから抜け出すには？
「悪いことばかり、気にしてない？」
「うまくできたことは、何？」

　ネガティブ思考がどんどん拡大することで、抑うつ傾向が進んでいきます。そうならないためにも、目の前の小さなことでいいので、自分ができそうなことを探して、実行に移し、**成功体験を積み重ねていきましょう。**自分の経験を通して、「自ら状況を変えられる」と実感することが、このワナから脱する近道です。

思考のワナ 4 個人化
-------------------------------「私のせいだ！」

　何か問題が起こると、なんでもかんでも反射的に「自分のせいだ」と考えてしまいます。**自身の能力や責任が及ばない範囲のことでも、そのようにとらえる**ので、自尊心が傷つくことが多く、悲しみや罪悪感を抱きやすくなります。

●このワナから抜け出すには？
「他人や環境は、どんなふうに影響してる？」
「原因の発端は、自分以外にあるのでは？」

　このワナにはまるのは、まじめで責任感が強い人が多いので、上のような問いかけ自体が、自分の価値観に反すると感じることもあるかもしれません。しかしこれは、**正しい思考を取り戻すためのトレーニング**ですので、臆せず取り組んでいくことが大切です。

思考のワナ 5 外面化
――――――――――――――――――「まわりのせいだ！」

　先の「個人化」と反対で、すべての問題の原因を、他人や環境にあると考えてしまいます。このため、まわりへの怒りを感じやすくなる一方で、**自分の責任を認めようとしません。**周囲からは、何もせずに批判ばかりする評論家だと見なされることもあります。

● **このワナから抜け出すには？**
「自分で変えられることは、何かない？」
「原因の一端に、自分も関与してない？」

　何か問題が起こったとき、まわりのせいにしていないか、自分の外に向かって怒りを感じていないか、確認する習慣をつけましょう。**自分事として、自身の行動について振り返る**習慣ができれば、どんな環境においても成長できる、レジリエントな心がつくられていきます。

思考のワナ 6 過度の一般化
──────────────「いつも」「すべて」

　問題が起こると「いつもそうだから」「すべてそうなる」と考えてしまいます。そのため、いつまでたっても具体的な問題解決ができず、自分が思い込んでいる通りの、ネガティブな結果を招きやすくなります。「**悪いことが繰り返し続いていく、ずっと変えられない**」などと信じ込んでしまい、無力感や挫折感を感じやすくなります。

●**このワナから抜け出すには？**
「**『いつも』『すべて』なんてありえない**」
「**自分で何とかできそうなことは？**」

　自分の考え方や行動など、自分で変えられることに着目して、実践していきましょう。たとえば問題が起こったとき、その人自身のせいにせずに、その人の**具体的な言動に着目する**ことで、解決の糸口が見えてきます。

思考のワナ 7

マインド・リーディング（思考察知）
----「きっとそうに決まってる」「どうしてわかってくれないの」

　自分の思い込みであることに気づかずに、**他人の考えを推測して理解しようとします。**「きっとあの人はこう考えているに違いない」「あの人はわかってくれているはずだ」などと決めつけを行なうことで、必要以上にネガティブな解釈が生じて、悪循環の結果につながっていきます。

●このワナから抜け出すには？
「相手はどんなふうに行動した？」
「相手に自分の考えは伝えてある？」

　相手の言動が、本当に自分に対して否定的なものだったのかどうか、**自分の解釈を検証してみる**必要があります。自分の決めつけや、説明不足で、勘違いや行き違いが生じているのかもしれません。可能であれば、相手に直接考えや意図を聞いてみるとよいでしょう。

思考のワナ 8 感情の理由づけ
「私、勘違いしてる!?」

　そのときどきの自分の中にある、ポジティブな感情、もしくはネガティブな感情に結びつけて、出来事を解釈してしまいます。**出来事を現実的に正しく判断できない**ので、誤解や行き違いが起こりやすく、当惑や混乱、落胆といった機会が増えます。

●このワナから抜け出すには？
「自分の感情と事実は本当に一致してる？」
「事実を知るために、相手にどんな質問をすべき？」

　このワナにはまりやすい人は、「事実」「思考」「感情」を分けて考えるトレーニングが必要です。ワーク1の『ABC日記』を1か月ほどつけてみることをおすすめします。加えて、「思考のワナ1 早とちり」の解消法としても効果があります。

以上、「8つの思考のワナ」について順にご紹介しました。これらを整理した次ページの表を見て、自分はどのワナにはまりやすいか、改めてチェックしてみてください。

　ワーク1で書いた『ABC日記』を見て、どの項目がどのワナによるものか、確認してみるのもおすすめです。

思考のワナ	特徴	対処フレーズ
1 早とちり	「私、何か悪いことしたみたい」 適切なデータなしに、自動的に確信をもって信じてしまう	「スローダウン、スローダウン」 「根拠は何? どんな証拠がある?」
2 トンネル視 （視野狭窄）	「私、やっぱり嫌われてる」 気になることしか見ない。物事のマイナス面しか見ていない。逆も問題	「何か見落としてない?」 「何かいいことは、起こらなかった?」
3 拡大化・極小化	「うまくいかないことばっかり」 ネガティブな部分を拡大評価、ポジティブな部分を過小評価してしまう。逆も問題	「悪いことばかり、気にしてない?」 「うまくできたことは、何?」
4 個人化	「私のせいだ!」 原因はすべて自分だと考えてしまう	「他人や環境は、どんなふうに影響してる?」 「原因の発端は、自分以外にあるのでは?」
5 外面化	「まわりのせいだ!」 原因はすべて他人や状況のせいだと考えてしまう	「自分で変えられることは、何かない?」 「原因の一端に、自分も関与してない?」
6 過度の一般化	「いつも」「すべて」 問題の原因を「いつもそうだから」「すべてそうだから」と考える	「いつも」「すべて」なんてありえない 「自分で何とかできそうなことは?」
7 マインド・リーディング　（思考察知）	「きっとそうに決まってる」 「どうしてわかってくれないの」 まわりの人の考えを知っていると思い込んでいる。相手も自分のことをわかってくれていると思い込んでいる	「相手はどんなふうに行動した?」 「相手に自分の考えは伝えてある?」
8 感情の理由づけ	「私、勘違いしてる!?」 そのときのポジティブな感情やネガティブな感情で状況を判断してしまう	「自分の感情と事実は本当に一致してる?」 「事実を知るために、相手にどんな質問をすべき?」

ワーク・2 ①②③④⑤⑥⑦⑧

　表を参考に、それぞれのページで紹介したフレーズを、ぜひ活用してみてください。また、自分の言葉で新しいフレーズを増やしていくのもおすすめです。日常の中でも、ふとこんな問いかけで立ち止まることができると、より正しく、生産的な思考ができるようになっていきます。

ワーク1 「ABC分析」で自分を知る
そのとき、頭の中はどうなっている?

↓

ワーク2 「思考のワナ」から抜け出す
ピンチのときほど、勘違いしがち

↓

ワーク3

「氷山思考」を探り当てる
あなたを突き動かすのは、こんな信念

ワーク 4 自分の「思い込み」に挑む
それって、本当に正しいの？

ワーク 5 未来の「シナリオ」を書き直す
そんなに心配しなくても、大丈夫

ワーク 6 一瞬で心を静める「エクササイズ」
いざというときの、緊急対策いろいろ

ワーク 7 窮地で自分の思考に反論する
リアルタイムで、レジリエンスを発揮

ワーク•3
「氷山思考」を探り当てる
~あなたを突き動かすのは、こんな信念~

心の奥底に眠る、強い思い込み

　ここまでは、自分の「思考」について、ABC分析をスタートとするワークを紹介してきました。しかし、私たちの日常すべての経験が、ABC分析でうまく説明がつくとは限りません。

　たとえば、自分ではどうしようもない感情爆発を起こしてしまったり、自分の思考の傾向を知っていてもなかなかそこから抜け出せない、という場合がそうです。その原因が**「氷山思考」**と言われるものです。

　氷山思考は、ワーク１で紹介した「５つの反応パターン」や、ワーク２で紹介した「８つの思考のワナ」より深層にあり、特定の反応パターンや思考のワナに陥りやすくさせるものです。直接的・間接的に私たちを突き動かす思考で、**「出来事に対してどのように反応するか」**を無意識のうちに強く決定していると考えられています。

「表層思考」と「根底思考」

　私たちの思考は、自分でも比較的意識しやすい**「表層思考」**と、意識できない**「根底思考」**の２つに大別されます。

　海に浮かぶ氷山にたとえると、海面の上に飛び出している部分は、誰でも見ることができ、普通に理解もでき、意識的に変更もできる

思考で、これを「表層思考」と呼んでいます。

一方、氷山の海面下にある大きな部分は、なかなか見ることができず、底のほうには何が存在するのかさえわからない、無意識の深いところにある思考で、これを「根底思考」と呼んでいます。

この根底思考は、**「自分は何者か」「世界はどうあるべきか」「この世界で自分はどのように機能すべきか」**といった自分独自の世界観を支えており、自分で作り上げた信念や一般法則のようなものです。

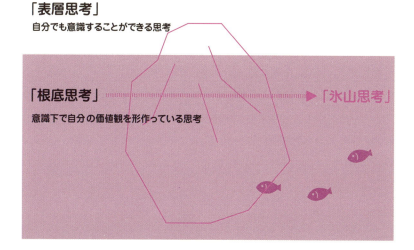

「氷山思考」とは?

意識の根底で凍結する「氷山思考」

根底思考は、あらゆる価値観を司る思考なので、人生にプラスにもマイナスにも働きます。たとえば、「人には親切に」「努力は報われる」といったものはしばしば人生にプラスに作用します。

しかし、その思考がしだいに偏って凝り固まった**「氷山思考」**と

なって、「人も自分に親切にしなくてはダメだ」「努力しなければ人間として失格だ」などという思いに駆られると、自分を傷つけてしまったり、他人に危害を加えるような、破壊的な言動につながることもあります。

さらには、「人は誰もが自分に敬意を払うべきだ」などの非現実的な思考を持っていると、日常生活でネガティブな感情が生じやすく、怒りや不安に満ちた毎日を送ることにもなりかねません。

「氷山思考」を見つける、２つのステップ

ワーク３では、この「氷山思考」を探り当て、自分の思考の傾向についての理解を深めていくことがねらいです。

感情爆発や**想定外の行動**、**意思決定の麻痺**など、これまでのワークでは手に負えないような場合には、いったん自分の意識の深層にある氷山思考による影響をチェックしてみてください。ワーク３は次の**２つのステップ**で進めていきます。

ステップ１	自分の「氷山思考」をチェックする
ステップ２	「５つの質問」で掘り下げる

この氷山思考は、幼少期の経験から培われ、形成されていくもので、誰もが持っているとされている非常に強固なものです。レジリエンス力を高めていくためにも、さっそく次ページからのステップにしたがって、自身の氷山思考について把握していきましょう。

ステップ1 自分の「氷山思考」をチェックする

　氷山思考には、主に**3つ**のパターンがあり、誰もが少なくともこの中の1つは持っていると言われています。さっそく、次のチェックリストで、自分の傾向を調べてみましょう。

氷山思考を発見するためのチェックリスト

1まったく当てはまらない 2あまり当てはまらない 3どちらとも言えない 4かなり当てはまる 5非常に当てはまる↓

氷山思考	質　問	1	2	3	4	5
達　成	やるからには一番になりたい					
	成功こそが人生で最も重要なことだ					
	失敗は弱さのしるしだ					
	何事も決してあきらめてはいけない					
	完璧でないものは価値がない					
受　容	誰からも愛され、常に受け容れられることが大事					
	人を喜ばせること、幸福にすることが自分の役目だ					
	まわりには常に自分の良いところだけを見てもらいたい					
	人に好かれないということは、自分に何かまずいところがある					
	自分がやることは称賛に値する					
コントロール	問題解決できないのは能力のなさの表れだ					
	助けを求めるようでは責任者失格だ					
	自分をコントロールできないのは意志が弱いせいだ					
	常に自分が責任を持つべきだ					
	言いなりになるのは弱さと臆病のしるしだ					

　一番右側に印がつくのは、どの思考でしょうか？　それによって、「**達成**」「**受容**」「**コントロール**」のうち、どれが自分の傾向に近いかを知ることができます。それぞれについて、次ページから順に、くわしく見ていきましょう。

氷山思考 1

達 成

──────────────「成功しなくては」

　物事を高いレベルで成し遂げたい、という強い欲求がベースにあります。**高いモチベーションを維持し、前向きな行動に駆り立てる**素晴らしい思考です。

　しかし一方では、完璧に成功しないことは、すべて失敗を意味し、強い挫折を感じるという**「完璧主義」に陥る危険**があります。そうなると、うまくいっていることに焦点を当てず、小さな失敗に過剰に反応し、すべての活動や思考が止まってしまうこともあります。

氷山思考 2 受容 ──────────「好かれなくては」

　人に受け容れられ、喜ばれ、愛される、ということを重要視します。このため、人間関係に敏感で、**人に対して親切で、友好的で、気遣いができる**というのが特徴です。

　しかし一方では、相手の態度を誤解して、「嫌われている」と落ち込んだり、**必要以上に他人に自分を認めさせようとする言動**で、大切な人間関係を自ら壊してしまうことがあります。そうなると、「もっと好かれなくては」と考え、どんどん悪循環に陥ります。

氷山思考 3 コントロール
-------- 「自分が責任を持って動かさなくては」

　目標を達成するためには、自らが責任を持ち、物事をコントロールするべきだという考え方がベースにあります。このため、**リーダーシップを発揮**して、常に積極的に物事に取り組んでいきます。

　その一方で、権限が奪われたり、他人が統制を乱す行為をすることに敏感で、過剰に反応します。コントロールができないこと自体を自身の失敗ととらえたり、その結果、物事がうまくいかないと、自分を必要以上に責めて、**罪悪感**を抱きます。

ステップ2 「5つの質問」で掘り下げる

　このステップでは、より具体的に自分の氷山思考を特定する方法を紹介します。
　これまでに、「意図しない反応をしてしまった」とか、「後から考えたら、なんであんなことを言ってしまったのだろう」と感じた出来事について、次の「5つの質問」に答えてみてください。

質問1「それは自分にとって何を意味しているのだろう？」

質問2「そのことで自分が一番頭にくるのは何だろう？」

質問3「そのことで自分にとって最悪なのは何だろう？」

質問4「そのことから自分についてどんなことが言えるだろう？」

質問5「それの何がそんなに悪いのだろう？」

　質問の順番や回数にとくに決まりはありません。自問自答を繰り返す中で、自分で納得のいく答えが出るまで、続けていきます。「なるほど！」「そうだったのか」と思えたときが、切り上げのタイミングです。誰かに質問してもらいながら、対話形式で行なうのもよいでしょう。

ケーススタディ（「達成」の氷山思考を持つAさん）

>　Aさんは、IT技術を使ったソリューションの提供を売りにする営業部門の社員です。最近、直属の上司である課長が異動になり、新任の課長が同じ営業部門内から昇格してきました。
>
>　そんなある日、新課長と一緒に提案のために顧客B社に出向きました。会議の終盤、「課長さんは、どう思われますか？」と先方の部長から質問が出ました。すると、新課長は、「技術的なことは、Aさんのほうが詳しいので、どう？」と促しました。そのときは、よどみなくAさんが回答し、会議も無事終了。2人は帰路につきました。
>
>　ところがAさんは、そのことがなぜか心にひっかかります。帰社後、笑顔で周囲と談笑する課長を見た瞬間、**「課長は、なぜ、自分で質問に答えなかったのですか！」**と思わず叫んでしまいました。それは、自分でもびっくりするほど強い声の調子で、気がつけば全身で、課長の行く先を遮るように立ちはだかっていたのです。

　なぜ、Aさんは突然、感情が爆発してしまったのでしょう。「**5つの質問**」を使って、自問自答をしてみました。

質問1「それは自分にとって何を意味しているのだろう？」
　→今回、初めて同行してみて、「課長は逃げ腰の人物であることがわかった」。ほんとうにがっかりだ。課長はB社とは初対面だったので、「『新課長はさすが』と思わせるべきだったのに、見事にくじった」。
　そもそも、「課長は、会社にとって重要な役職なのに、本人はまっ

たくその自覚がない」。よくも、あんな脳天気にニコニコしていられるものだ。

質問2「そのことで自分にとって一番頭にくるのは何だろう？」
　→あのとき、「課長は名指しで質問されたのに、自分で答えなかった」。課長が一度も発言しないので、顧客が気を遣ってくれたにもかかわらず、部下に頼りきりなんて情けない。せっかく事前に、新しい課長を連れて行く、と伝えておいたのに、あれでは「顧客に『なんだ』と思われてしまった」に違いない。

質問3「そのことで自分にとって最悪なのは何だろう？」
　→最悪なのは、「課長が頼りなく不甲斐ないということ」だ。前任の課長は、厳しいところもあったけれども優秀で、部下に助けを求めるようなことはなかった。そもそも、「部下の自分より上司の知識が劣っている」なんて、ありえない。そればかりか、「顧客に自社の課長職が無能だと思われてしまった」ではないか。こんなことが、許されるはずがない。

質問4「そのことから自分についてどんなことが言えるだろう？」
　→今度のことで、自分は**「課長はもっと優秀な人がなるべきだ」**と強く思っていることがわかった。そして、**「上司は部下より知識があって当然だ」**と自分は思っている。
　たしかに、これまでの上司はみんな優秀で、仕事をイチから教えてくれて、知識を徹底的に叩き込んでくれた。それでこそ、上司を尊敬して、自分はここまでやってこれた。だから、課長が今までの上司のように優秀でないと知って、大きく落胆してしまった。
　とくに前任の課長とは、大きな提案の前には必ず打ち合わせをし

て、お互い全力で当日に臨んできた。その結果、数々の難しい案件も勝ち取ることができたのだ。「**ここぞという場面では、完璧を期して臨むべきだ**」というのが、ビジネスパーソンとしての自分の信条だ。たとえ知識不足でも、準備を怠らなければ、あんなことにはならないのではないかと課長を責めるような気持ちになってしまう。

質問5「それの何がそんなに悪いのだろう？」
　→自分としては、目上の人にどうしても期待をしてしまうところがある。だから、今度のことで、課長にあんなに腹を立ててしまったのだと思う。とはいえ、「**上司には優秀であってほしいが、すべてにおいてそうあるべきというのは、求めすぎているのかもしれない**」。

　それに、「**自分は、課長に完璧を求めすぎていたのかもしれない**」。新任なので、引き継ぎに忙しそうだが、そのうち落ち着いてきたら、提案書にも事前に目を通してくれるだろう。仮に、課長が準備不足でも、自分が課長をフォローしていけば、とくに仕事に支障はないはずだ。

いかがだったでしょうか？　これらの5つの質問を使って、思考を掘り下げていくと、自分を突き動かす「氷山思考」が、より具体的に見えてくるはずです。

　事例では、1〜5の順に質問を行なっていますが、順番にとくに決まりはありません。また、間をおいて、何度か同じ質問をしていってもかまいません。

　なお、この氷山思考は、マイナスに働くこともあれば、プラスに働くこともあり、取り去ってしまう必要はありません。

　マイナスの反応をやわらげるために、自分の価値観を少し調整したり、大切な人とお互いの価値観を共有して、率直に話し合ったりすることで、より充実した毎日を送っていくことが、このワークのねらいです。

ワーク 1 「ABC分析」で自分を知る
そのとき、頭の中はどうなっている?

ワーク 2 「思考のワナ」から抜け出す
ピンチのときほど、勘違いしがち

ワーク 3 「氷山思考」を探り当てる
あなたを突き動かすのは、こんな信念

ワーク 4

ワーク 5 未来の「シナリオ」を書き直す
そんなに心配しなくても、大丈夫

ワーク 6 一瞬で心を静める「エクササイズ」
いざというときの、緊急対策いろいろ

ワーク 7 窮地で自分の思考に反論する
リアルタイムで、レジリエンスを発揮

自分の「思い込み」に挑む
それって、本当に正しいの？

ワーク・4
自分の「思い込み」に挑む
～それって、本当に正しいの?～

思考が変われば、行動が変わる

　ここからはいよいよ、ワーク1から3までで見てきた、自身の「思考のクセ」を具体的に改善するワークを行なっていきます。これを実践することで、逆境や困難にも、より柔軟に対応できるレジリエンス力を磨いていくことができます。

　自分の「思考」は本当に適切なのか、再度検討することで、事実をとらえ直していくのが、このワークのねらいです。そこから解決策を導き出す過程を経て、新たな「行動」につなげる、という一連のトレーニングを行なっていきます。

「思い込み」はどんどん強くなる

　私たちは誰もが、幼い頃からの経験や、親から受け取るメッセージによって、無意識のうちに強い「思い込み」を持っています。

　さらに、私たちの脳は、自身のさまざまな「思考のクセ」によって、新たな「思い込み」を作り出したり、その思い込みを強固にしていく性質があります。このため、今の自分の思考をより適切なものへと修正していくには、自分の思考の傾向を知るだけでなく、それを解きほぐすための特別なトレーニングが必要となるのです。

　私たちは、自分の考えを裏づけるものには、とくに関心を払い、

私たちの思い込みは強化されていく

● …自分の考えを裏づける事実や仮定など

注意します。上図のように、あたかもペタッとくっつくマジックテープのごとく、必要なものだけが粘着し、頭の中に取り込まれていくのです。

「思い込み」を修正する、7つのステップ

ワーク4では、私たちの誰もが持っている「思い込み」をほぐしていくトレーニングに挑戦します。具体的には、次の**7つのステップ**で進めていきます。

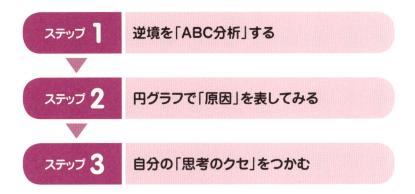

ステップ1　逆境を「ABC分析」する

ステップ2　円グラフで「原因」を表してみる

ステップ3　自分の「思考のクセ」をつかむ

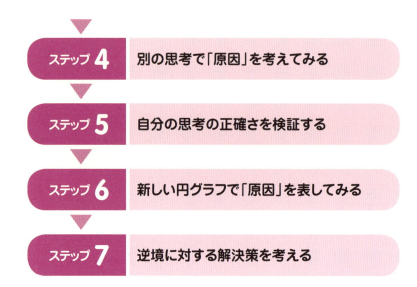

　それでは次ページから、各ステップについて、順に取り組んでいきましょう。

ステップ 1 逆境を「ABC分析」する

　最近、しつこく悩まされている、苦手な状況や出来事を1つ選んで、ABC分析を行なってみてください。適当な例が思い浮かばない場合は、ワーク1の『ABC日記』から選んでみましょう。

日付	出来事	思考（解釈）	結果（感情・行動）	点数
4/11	新しい部署に異動。同僚が仕事のやり方を教えてくれない。	仕事が覚えられないと自分の評価が低くなるので困る。	不安、困惑、怒り	5
4/12	クリーニング店にワイシャツを取りに行けな…	まただ。明日こそ定時で帰宅して取りに行…	怒り、疲れ　手帳に赤字でメモ	3
	食卓…倒し…て…			3
	SNS…末に…いた…は…			2

仕事が覚えられないと自分の評価が低くなるので困る
→「次は何思考」

ほかにも、書き出してみると…
・同僚は自分のことを敵視している→「なぜ思考」
・こんなのやってられない！→「評価」
・上司は見て見ぬふりをしている→「なぜ思考」
・質問したら同僚がまた不機嫌になった→「実況中継」

　選んだら、上図のように改めて「**B解釈**」を書き出していきましょう。なかでも、ワーク1で紹介した**なぜ思考**を、なるべく多く出すようにします（P23）。「なぜ思考」とは、その出来事が起こった原因を説明する内容で、「それはなぜ起こったのか？」「この問題の原因は何だろうか？」と問うことで出やすくなります。

ステップ2 円グラフで「原因」を表してみる

　次に、書き出した「なぜ思考」を、円グラフで視覚化してみます。考えた「原因」が、問題となる出来事にどの程度影響を与えているのか、**円グラフに直感的に割り当ててみましょう**。

●逆境（A 出来事）
新しい部署に異動。同僚が仕事のやり方を教えてくれない。

●なぜ思考（B 解釈）の比率

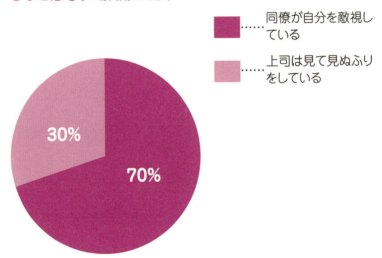

- 同僚が自分を敵視している
- 上司は見て見ぬふりをしている

　円グラフを作成したら、それを大切に保存して、次のステップに進んでください。**ワークの最後（ステップ6）で、再度作成した円グラフと見比べる**ことで、自分の「思考のクセ」や「思い込み」に気づくことができます。

＊P118に空欄のワークシートを収録しています

ステップ 3 自分の「思考のクセ」をつかむ

円グラフで書き出した「原因」について、そこからどういう思考の傾向が読み取れるか、さらに理解を深めていきます。次の「3つのスケール」で、1〜7の当てはまる数字に○をつけてみましょう。

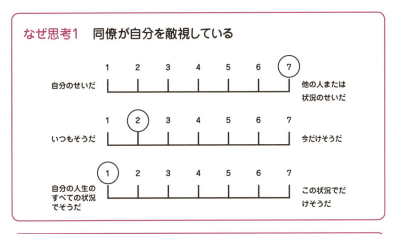

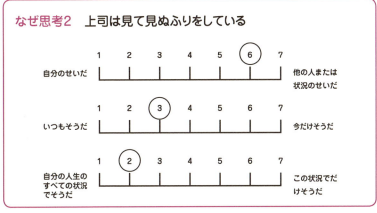

＊P119に空欄のワークシートを収録しています

この３つのスケールで表される思考の傾向は、ペンシルベニア大学心理学部で抑うつの研究をしていた、マーティン・セリグマン教授らが割り出した**「説明スタイル」**と呼ばれるもので、それぞれの人が幼い頃から身につけてきた、出来事に対する「思考のクセ」を表しています。
　たとえば、ここで紹介した事例の人物は、逆境の原因について、

「自分のせいではなく、**他人または状況のせいだ**」
「今だけそうなのではなく、**いつもそうだ**」
「この状況でだけそうなのではなく、**自分の人生のすべての状況でそうだ**」

と考える思考のクセを持っていると言えるでしょう。
　もちろん、「３つのスケール全部が中程度の４である」といったスコアの人もいますが、それもその人ならではの思考のクセです。
　ここで使用した３つのスケールは、より適切なスコアを目指して、正しい思考を判定したりするためのものではなく、さまざまな視点から物事を見る**「柔軟性」を養うためのツール**として活用することを目的としています。

ステップ4 他の思考で「原因」を考えてみる

　より柔軟な思考を身につけていくためには、いまの自分の「説明スタイル」とは異なるパターンで出来事をとらえ直すトレーニングが非常に有効です。

　先のステップ3で作成した**自分のスコアとはなるべく反対のスコア**から、逆境の原因を新たに考え出していきましょう。たとえば、問題の原因を「他の人または状況のせいだ」ととらえる傾向のある人は、問題の原因を「自分のせいだ」ととらえて考えてみます。

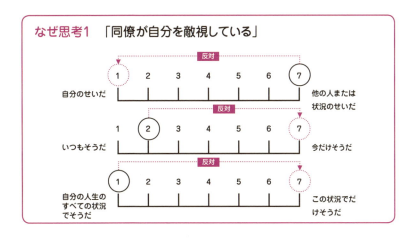

なぜ思考1 「同僚が自分を敵視している」

他の人または状況のせいだ→自分のせいだ
「同僚が自分に非協力的なのは、同僚のせいだと考えていたけれども、もしかすると、自分のせいかもしれない」
「そういえば、自分が異動してくるまで、今の仕事は同僚が一人で

やっていた。同僚は『自身のポジションを奪われる』『取って代わられる』と不安なのかもしれない」

いつもそうだ→今だけそうだ
「いつもそんなふうに感じるのは、同僚とこの件について率直に話し合うのを避けているからかもしれない」

自分の人生のすべての状況でそうだ→この状況でだけそうだ
「同僚とランチに行って、楽しくおしゃべりすることもある。いつも自分を敵視しているわけではない」
「同僚は、仕事を教えることに抵抗があるだけなのかもしれない」

> 新しい思考　「自分の存在が同僚を不安にさせているのかもしれない」

さらに、もう一つの「なぜ思考」も手がかりにして、なるべく今の自分とは反対の説明スタイルで、考え直していきましょう。

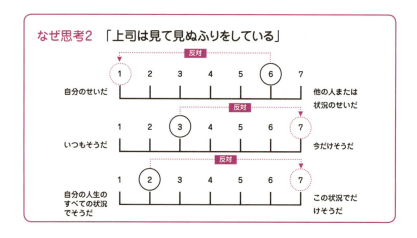

他の人または状況のせいだ→自分のせいだ
「上司が同僚に甘いせいだと思っていたが、自分が困っていることを上司にまだ相談していない」
「同僚の短所を上司に言いつけるみたいで、相談しづらいと感じている」

いつもそうだ→今だけそうだ
「普段、上司は私に業務のことを教えてくれている」
「上司は、同僚と私の問題について、気づいていないだけだ」

自分の人生のすべての状況でそうだ→この状況でだけそうだ
「上司にきちんと相談して、同僚に働きかけてもらえば、解決できるはずだ」

> 新しい思考 「自分は悩みを一人で抱えがちだ」

　いかがだったでしょうか。これで、新しく２つの思考が加わり、全部で４つの「なぜ思考」を生み出すことができました。
　こうした練習を重ねていくと、より幅広い視点から出来事をとらえることができるようになり、何か問題が起こっても柔軟に対処するレジリエンスが身についていきます。

ステップ5 自分の思考の正確さを検証する

　ここまでに考え出した自分の思考について、その正確性を吟味してみましょう。ステップ2で書き出した従来の自分に特有の思考と、ステップ4で新しく考え出した思考をあわせて検証していきます。

　それぞれの思考の裏づけとなる事実（**有利な証拠**）、反論の手がかりとなる事実（**不利な証拠**）について、次のように書き出していってください。自分の「思考のクセ」がどのようなものか、改めて実感でき、別の角度からの見方や思考ができるようになります。

思考の検証シート

思考	有利な証拠	不利な証拠
同僚が自分を敵視している。	・他社に送付する提案書を作成をすると申し出たら、あなたはやらなくていい、と不機嫌になった。 ・自分の歓迎会はわざわざやらなくていい、と上司に話しているのを小耳に挟んでしまった。	・自分にはまだ難しい仕事だったのかもしれない。 ・基本的に、あたりがきつい人だし、たまたま機嫌が悪かっただけかも。 ・「上司と同僚と自分の3人で」というシチュエーションが嫌だっただけかもしれない。
自分の存在が同僚を不安にさせているのかもしれない。	・今まで人員が1人だったところに自分が異動してきた。同僚はポジションを奪われる、と心配なのかもしれない。	・業務量が増えたので、自分はこの部署に異動になったと、人事部から説明を受けている。 ・業務量だけでなく、業務の種類も今年度から増えている。

＊P120に空欄のワークシートを収録しています

上司は見て見ぬふりをしている。	・自分がC社との打ち合わせに置いてきぼりになっていても、何も言ったり聞いたりしない。	・今回は、同僚が一人で行くのが適切な用件だったのかもしれない。
	・上司は朝と帰りの挨拶以外、一切声をかけてくれない。	・上司はすごく忙しい。でも、こちらから話しかければ話を聞いてくれる。
自分は悩みを一人で抱え込みがちだ。	・同僚を悪く言うみたいな気がして、上司に相談しづらい。同僚が知ったら、関係が悪化するかもしれない。	・職場や仕事以外の悩みは、友だちに相談することがある
	・前の部署でも先輩とのことで悩んでいた。波風を立てたくないので、我慢していた。	

　いかがだったでしょうか。検証シートには、次のようなことが「証拠」として書き出されていくことになります。

・客観的な事実
・明確には示されていないが、誰もが認める事柄（ほぼ事実と同様なもの）
・多くの人が同意するであろう推測
・あまり根拠のない、多くの人から同意が得られそうもない推測

　さらに、推測の根拠に「自分の理想」や「べき論」が潜んでいることもあります。
　これら**左右に書き出した**「証拠」を見比べて、本当に自分の思考が正しいかどうか、狭く偏った考え方をしていないかどうか、振り返ってみましょう。

ステップ6 新しい円グラフで「原因」を表してみる

　これまでのステップで自分の思考について多角的に検証を行なうと、このワークの最初に割り出した「原因」の影響度にも変化が出てきます。そこで、このステップでは、**新たに、証拠に裏打ちされた原因で、新しい円グラフを作ってみます。**

●逆境（A 出来事）
新しい部署に異動。同僚が仕事のやり方を教えてくれない。

●新・なぜ思考（B 解釈）の比率

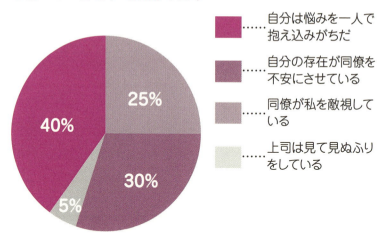

　このステップを行なうと、**9割以上の人が新しい「原因」を追加する**と言われています。ただし、新しい円グラフが前の円グラフと変わらなくても、心配する必要はありません。それだけ自分の元の思考が視野の広い、バランスの取れているものだったということです。

ステップ 7 逆境に対する解決策を考える

　ステップ6で視覚化した、複数の「原因」について、**自分が実行できそうな解決策を、それぞれ考えてみましょう**。これまで思いつかなかった、新たな行動のヒントが見つかるはずです。

●新しい思考 「自分は悩みを一人で抱え込みがちだ」

- 上司に、きちんと状況を説明して相談する
- 同僚と気まずくならない解決策を、上司と考える

●新しい思考 「自分の存在が同僚を不安にさせている」

- 自分が同僚のポジションを奪うわけではないことを、上司から同僚に説明してもらう
- 同僚の役に立ちたいので早く仕事を覚えたい、と伝える

　このステップで、自分では解決できないと思い込んでいた問題の突破口が開けたり、自らが変わる必要があることに気づくことができれば、このワークは大成功です。

ワーク1 「ABC分析」で自分を知る
そのとき、頭の中はどうなっている?

↓

ワーク2 「思考のワナ」から抜け出す
ピンチのときほど、勘違いしがち

↓

ワーク3 「氷山思考」を探り当てる
あなたを突き動かすのは、こんな信念

↓

ワーク4 自分の「思い込み」に挑む
それって、本当に正しいの?

ワーク 5

未来の「シナリオ」を書き直す
そんなに心配しなくても、大丈夫

ワーク 6 　一瞬で心を静める「エクササイズ」
いざというときの、緊急対策いろいろ

ワーク 7 　窮地で自分の思考に反論する
リアルタイムで、レジリエンスを発揮

ワーク・5
未来の「シナリオ」を書き直す
～そんなに心配しなくても、大丈夫～

「不安」に振り回されないためのワーク

　私たち人間は、進化の過程で、迫り来る脅威から自分たちの身を守るために、「不安」という感情を持つようになりました。これは、種を保存する上で非常に効果的なものです。その一方で、この「不安」の感情が雪だるま式に拡大し、その人の思考、そして感情や行動にマイナスの作用を及ぼしてしまう場合が少なくありません。ワーク5では、**不安の感情をうまくコントロールする方法**を学び、より前向きに現実に対処していくためのツールを紹介します。

悪いほうへ悪いほうへと進む思考

　ちょっとした出来事をきっかけに、「不安」がどんどん膨らみ、最悪の事態で頭がいっぱいになってしまった経験はないでしょうか？　たとえば、デートの日時が変更になっただけで、「避けられている」「別れを切り出されるかも」「この先、誰とも付き合えないかも」「一生ひとりぼっちかもしれない」などと、どんどん強固な妄想へと発展していくようなケースです。

　一つひとつの話の展開は、いかにもありそうに思えるのですが、**最終的な結論は極めて非現実的なもの**に過ぎません。それにもかかわらず、本人はすっかり信じ切って、あれこれ苦しむことになります。

不安の連鎖が止まらなくなる

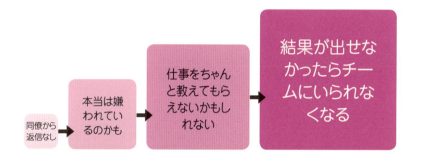

本来の冷静な自分を取り戻すために

　このように、起こりそうもないことに時間や労力を消費してしまう状態からは、早めに抜け出すのが得策です。こうした思考を反芻（はんすう）することで脳のエネルギーの消耗が進んでいくと、現実の脅威に対してどんどん無防備になって、悪循環に陥ります。

　不安に圧倒されて、物事をあきらめてしまったり、目の前のことに注意が向かずに、本来のやるべきことが手につかなくなったり、不必要にマイナスの思考を膨らませて、破滅的な言動を取ったりして、**現実に対処する力が弱まってしまう**のです。

悲劇的な「シナリオを書き直す」5つのステップ

　ワーク5では、不安や恐怖に振り回されることなく、冷静に適切な思考を取り戻すためのトレーニングを行なっていきます。具体的には、次の**5つのステップ**で進めていきます。

　それでは次ページから、各ステップについて、順に取り組んでいきましょう。

ワーク・5 **1** ② ③ ④ ⑤

ステップ1 「不安の連鎖」を書き出す

　これまでに実際に経験した、不安の連鎖を書き出してみましょう。まず、どのようなことから始まり、どのように頭の中で広がっていったかを思い出してください。その展開を、紙やノートに箇条書きで書き出していきましょう。

・彼女は、明日忙しいと言っていた

・明日は会えないということだ

・これからも会えないということになるかも

・彼女が距離を取り始めて別れることになる

・そのまま一生恋人ができず寂しい人生を送る

　ワーク1で紹介した**「次は何思考」**にあたるものです（P23）。「この状況が意味することは何か」「次に起こることは何か」、不安に膨らんでいく思考の展開を書き出していきましょう。
　ひと通り書き終えたら、次ページに挙げた「不安の連鎖のチェックリスト」にどの程度当てはまるかを、確認してみてください。

不安の連鎖のチェックリスト

- ☐ 実際に起こるかどうかは不確かである
- ☐ ある出来事が起こらなければ、その次は起こらない
- ☐ シナリオの先のほうにある出来事ほど、起こる確率は低い
- ☐ シナリオの最後で、「このままずっと」などの論理の飛躍がある
- ☐ 自分の思考が原因で、本来なら起こりえなかったことが、起こってしまう可能性がある

・彼女は、明日忙しいと言っていた 〔本人が言っていたので、ほぼ確か〕

・明日は会えないということだ 〔会えないとは言っていないので不確か〕

・これからも会えないということになるかも 〔これも不確か。妄想が膨らんでいる〕

・彼女が距離を取り始めて別れることになる 〔とくに根拠がないのに、決めつけている〕

・そのまま一生恋人ができず寂しい人生を送る 〔「一生」は大げさ。論理が飛躍している〕

ワーク・5 ❶ ❷ ③ ④ ⑤

ステップ 2 「最悪のケース」が起こる確率を見積もる

次に、シナリオのそれぞれの過程で起こると考えた、**出来事が生じる確率を、累積で算出してみましょう**。最終的に、自分の予想した最悪の結果がどれくらいの確率で起こるのか、数字で表します。

・彼女は、明日忙しいと言っていた	90 % （彼女が忙しい確率）
・明日は会えないということだ	45 %（90 % × 50 %） （明日会えない確率）
・これからも会えないということになるかも	0.45 %（45% × 1 %）
・彼女が距離を取り始めて別れることになる	0.0045 %（0.45% × 1 %）
・そのまま一生恋人ができず寂しい人生を送る	0.000045 %（0.0045% × 1 %）

> 表の作成前は、60%くらいだと思っていた！

実際に計算してみると、自分が予想していたより、はるかに起こる確率が少ない、ということが実感できるのではないでしょうか。上図の事例では、100万分の45となっていますが、1万分の1でも10万分の1でもかまいません。**「現実には、なかなか起こらない」**ということが感覚的につかめたら、次のステップに進んでください。

ステップ3 「最高のケース」のシナリオを書き出す

　次は「最高のケース」のシナリオ作りです。ここでは、ネガティブな方向で反芻（はんすう）される思考を払拭（ふっしょく）するために、**思いっきり最高の状態を頭に描く**ことが大切です。ありえないような想像も大歓迎です。

・彼女は、明日忙しいと言っていた

・翌日「用件が早く済んだ」と彼女から電話がきた

・そのまま彼女の両親を紹介されて食事

・ご両親に大いに気に入られた

・来年の海外赴任は彼女と入籍して一緒に行く

　自分の思いつく限り、最高の状態をあれこれイメージして、書き出していってください。**「思わず顔から笑みがこぼれる」**シナリオができたら、合格です。

ステップ4 「最もありえそう」なシナリオを書き出す

ワーク・5 ①②③④⑤

　もうこのステップにもなると、簡単にシナリオを書き出せるようになってきたことでしょう。「最悪のシナリオ」「最高のシナリオ」を見ながら、**「最も現実にありえそうな」**シナリオを作ってみましょう。

・彼女は、明日忙しいと言っていた

・明日はそっとしておくことにした

・週末に楽しみにしていた映画を二人で観た

・また来週出かけようと彼女と約束した

・今後も彼女と付き合っていけそうだ

　両極端のシナリオを見比べてみて、冷静さを取り戻すことができたのではないでしょうか。**「今自分がやるべきことは何か？」「自分ができそうなことは何か？」**から発想していきましょう。

ステップ 5　実行可能な対策を立てる

　最後に、書き直した新しいシナリオに沿って、**自分でできる対策や行動**について、書き出してみましょう。

・彼女は、明日忙しいと言っていた

・明日はそっとしておくことにした
→彼女は忙しいのだから、自分もひとりの時間を満喫してのんびり過ごすことに。週末に観る映画もピックアップ。

・週末に楽しみにしていた映画を二人で観た
→何を観るかは、事前に候補を連絡しておいて、SNSのやりとりで決定。

・また来週出かけようと彼女と約束した
→いつも通り、楽しかったので、来週もどこかに出かけよう、と自分から声をかけた。

・今後も彼女と付き合っていけそうだ
→不安はなく、心は冷静で前向き。今後も、彼女との付き合いを楽しんでいける状態。

　いかがでしょうか。いつもの**冷静な思考**を取り戻すことができたでしょうか？　このワークを繰り返すと、過度に悲観的な思考や楽観的な思考への偏りをなくして、より積極的で前向きな行動が取れるようになっていきます。

ワーク 1 「ABC分析」で自分を知る
そのとき、頭の中はどうなっている?

ワーク 2 「思考のワナ」から抜け出す
ピンチのときほど、勘違いしがち

ワーク 3 「氷山思考」を探り当てる
あなたを突き動かすのは、こんな信念

ワーク 4 自分の「思い込み」に挑む
それって、本当に正しいの?

ワーク5 未来の「シナリオ」を書き直す
そんなに心配しなくても、大丈夫

ワーク6 一瞬で心を静める「エクササイズ」
いざというときの、緊急対策いろいろ

ワーク7 窮地で自分の思考に反論する
リアルタイムで、レジリエンスを発揮

> **ワーク●6**
>
> # 一瞬で心を静める「エクササイズ」
> ～いざというときの、緊急対策いろいろ～

速攻で効く！身体を使ったワーク

　ここまでは、思考や行動を見直す、認知行動療法的なアプローチを紹介してきました。これらのワークを実践していけば、自分の思考、感情や行動の変化を確実に実感できるようになります。
　しかし、現実生活の中では、こうした変化が始まる前に、「**今すぐ心を落ち着けなくては！**」という場面に遭遇することもあるでしょう。このワーク6では、そのような緊急時の応急処置として役立つ、身体的なアプローチを使ったワークを紹介します。

動じない心をつくる３つのアプローチ

　ここでは、いざというとき、目の前の出来事に振り回されないための**４つのエクササイズ**を説明します。すべて行なう必要はなく、状況に応じて、自分がやりやすい方法を選んで実践してみてください。

| エクササイズ 1 | 呼吸をコントロールする |

| エクササイズ 2 | 全身をリラックスさせる |

| エクササイズ 3 | ポジティブなイメージに浸る |

| エクササイズ 4 | 侵入思考をブロックする |

　それでは次ページから、各エクササイズについて、順に見ていきましょう。

エクササイズ 1 呼吸をコントロールする

　ストレス時には、呼吸が浅くなり、酸素が欠乏することで、神経伝達物質のバランスが崩れて、不安がさらに高まる、という悪循環が起こります。この状態は、「呼吸コントロール法」を行なうことで、解消することができます。

ストレスによる悪循環

　「呼吸コントロール法」を行なうと、呼吸が深くなり、肺への酸素供給量が増えます。その結果、脳の危険信号が止まって通常の状態に戻り、ストレスによって生じがちな悪循環が解消していきます。

呼吸コントロール法の効果

呼吸コントロール法は、即効性がある、どこにいてもできる、習得するのに時間がかからないなど、使い勝手のよいスキルです。窮地に陥ったときには、まず呼吸コントロール法で落ち着きを取り戻し、それから他のワークを行なうとよいでしょう。

次の手順で、呼吸をコントロールするエクササイズを行なってみましょう。

1 椅子に姿勢を整えて座る。手は膝の上に置く。

2 鼻から深く、腹部が広がるまで、息を吸う。

3 ゆっくりと、息を吸う。1から4まで数える。
　肺に空気が満ちていく感じをイメージする。

4 鼻からゆっくりと、1から4まで数えながら息を吐き切る。

5 ゆっくりと深く、「吸う、吐く」を少なくとも3分続ける。

6 呼吸に集中し、身体の感覚を確かめる。
　雑多な考えや感情が浮かんだら、注意を呼吸に集中するようにする。

はじめのうちは、1日2〜3回を目安に練習することをおすすめします。慣れてくると、面接や試験の前、プレゼンの前や会議中でも行えるようになるので、緊張しそうだなと思ったら、ぜひ試してみてください。

エクササイズ 2 全身をリラックスさせる

　次に、全身の筋肉を徐々にゆるめてリラックスする方法として、**漸進的筋弛緩法（PMR）**と呼ばれるものを紹介します。

　アメリカの医師、エドモンド・ジェイコブソンが開発した方法で、不安、落ち込み、イライラ、不眠などに効果的とされています。一見難しそうに見えますが、やり方は単純なので、すぐに慣れることができます。手順を見ながら進めていきましょう。

1 身体を横にして楽にする。もしくは椅子に座って背筋を伸ばし、足をぴったりと床につける。
両腕は身体の横に置き、目を閉じる。

2 「呼吸コントロール法（P94）」を2分間続ける。

3 全身の筋肉を、身体のパーツごとにほぐしていく。
「緊張させて（15秒）、その後一気に力を抜く（30秒）」というエクササイズを、順に行なっていく。

4 身体の次のパーツに移るときは、1分間の休憩を挟む。
全体を20分程度で行なうのが目安になる。

　はじめの2週間は、1日1回を目安に練習することをおすすめします。慣れてきたら、とくに緊張が強い部位に絞って行なってもよいでしょう。具体的な方法は、P98〜101をご覧ください。

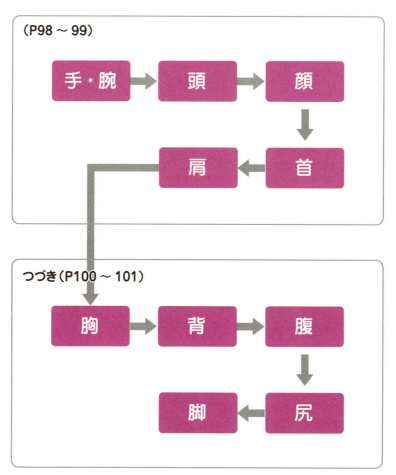

参考文献 『リラクセーション法の理論と実際 第2版』五十嵐透子（医歯薬出版株式会社）

手・腕 → 頭 → 顔 →

手・腕
- 腕を曲げずに伸ばします
- 握りこぶしをつくります
- そのまま肘を曲げ、握りこぶしを持ち上げて腕全体に力を入れます
- そして一気に力を抜きます

頭
- 両眼を大きく開けます
- 眉毛を吊り上げて額にシワをつくるようにします
- そのまま力を入れます
- 額から頭皮全体が緊張していることを意識します
- そして一気に力を抜きます

顔
- まずは収縮から。口をすぼめて、鼻よりも前に突き出します
- さらに両眼を固く閉じ、鼻にシワを寄せて、力を入れます
- そして一気に力を抜きます
- 次に伸展です。眼球を上に吊り上げて額を緊張させます
- 鼻の穴を大きく広げて口は横一文字に突っ張ります
- 舌を上歯茎のウラに押しつけて、舌の付け根を緊張させます
- そのまま力を入れます。顎と首も緊張していることを意識します
- そして一気に力を抜きます

ワーク・6 ① ❷ ③ ④

→ **首** → **肩** → 次ページに続く

首
- 歯を食いしばります
- そのまま、もしくは首を横にもたげて緊張を感じます
- そして一気に力を抜きます
- 顎を胸にくっつけるようにして首を緊張させます
- そのまま力を入れます
- そして一気に力を抜きます

肩
- 両腕の力を抜きます
- 両肩を耳に近づけて肩をすくめるようにします
- そのまま力を入れます
- そして一気に力を抜きます

胸 →	背 →	腹 →
両肩をできるだけ胸のほうに入れます	両肩をできるだけ左右に広げます	横になっている人は上体を起こして前かがみになります
背中の上のほうが突っ張ったようになります	胸を張るような姿勢になります	おへそ周辺の筋肉を突き出すようにして腹筋に力を入れます
そのまま力を入れます	左右の肩甲骨をくっつけるようにします	そして一気に力を抜きます
そして一気に力を抜きます	そのまま力を入れます	座っている人はまっすぐに座ります
	そして一気に力を抜きます	そのままお腹をへこますようにして力を入れます
		そして一気に力を抜きます

ワーク・6 ① ② ③ ④

→ **尻** → **脚** → 終了です！

尻
- 肛門周囲の筋肉を縮めるようにします
- 床や椅子の表面に押しつけるようにして、臀部全体を緊張させます
- そのまま力を入れます
- そして一気に力を抜きます

脚
- 足指を広げて伸ばし足首を曲げてかかとを床につけます
- さらに、つま先から膝そして腿までを緊張させます
- そのまま力を入れます
- そして一気に力を抜きます
- 足指を閉じ、バレリーナのように甲を盛り上げます
- 足が床につかないようにして膝の緊張を感じます
- そのまま力を入れます
- そして一気に力を抜きます

エクササイズ 3 ポジティブなイメージに浸る

　先の2つのエクササイズと同じように、リラックスした状態で行ないます。ポジティブな状況を頭に思い描き、それに浸ることで、ストレスを軽減するのに役立ちます。

1　目を閉じて、全身をリラックスさせる。

2　自分が安心して、心地よく幸せな気持ちになれる場所について、2〜3分イメージする。五感のイメージも総動員して、なるべく具体的にイメージしてください。

> 私は山の頂上にいる。すごく見晴らしがいい。空気もきれいだ。　**✕**

> 私は山の頂上にいる。見下ろすと低い山並みや川、そして平野が広がっている。ほかには誰もいないので、とても静かだ。澄んでひんやりした空気が頬をなでて、心地よい。鳥のさえずりや、木々の葉が揺れる音が聞こえる。腰をおろすと、草や土の匂いがする。　**〇**

　さらに、これから起こるストレスフルな状況に備えたい場合には、近々予想される苦手な出来事を思い浮かべて、自分がうまく対処している状況をイメージしてみると有効です。

エクササイズ 4 侵入思考をブロックする

　私たちの頭の中では、常に思考が生起しています。とくに逆境や苦境においては、ネガティブな思考が次々に起こることは、これまでのワークでも見てきたとおりです。これらは、本人の意思とは関係なく生まれてくるので、**「侵入思考」**とも呼ばれます。

　侵入思考に気づいたら、たとえば次のようなゲームで、目の前の作業に意識をフォーカスしてみてください。手軽に短時間で、気分転換が図れて、ネガティブな思考をブロックできます。

●カテゴリーゲーム
1つのカテゴリーを選び、そこに含まれるものの名前を2分以内にできるだけたくさん列挙する。

●数字ゲーム
1000から7ずつ引きながらカウントダウンする。または、かけ算の九九を繰り返す。

●記憶ゲーム
幼稚園からスタートして、今までに教わった先生の名前や、大好きだった友人の名前を列挙していく。

●**自分のテーマソングを歌う**

　いざというときのために自分のお気に入りの曲をテーマソングとして決めておく。音楽や映像を再生して聴いたり、それが無理な状況なら、鼻歌で歌ったり脳内で再生してみる。

　その他、自分にとってやりやすく、楽しいと感じられるような気分転換やリラックス法を、必要なときに実践できるようにしておくとよいでしょう。ただし、こうした方法は、あくまでも緊急時の措置として行なうようにしてください。根本的な解決のためには、ワーク１〜５の思考のトレーニングで、レジリエンス力を高めていくことが有効です。

ワーク1 「ABC分析」で自分を知る
そのとき、頭の中はどうなっている？

ワーク2 「思考のワナ」から抜け出す
ピンチのときほど、勘違いしがち

ワーク3 「氷山思考」を探り当てる
あなたを突き動かすのは、こんな信念

ワーク4 自分の「思い込み」に挑む
それって、本当に正しいの？

ワーク 5 未来の「シナリオ」を書き直す
そんなに心配しなくても、大丈夫

ワーク 6 一瞬で心を静める「エクササイズ」
いざというときの、緊急対策いろいろ

ワーク 7

窮地で自分の思考に反論する
リアルタイムで、レジリエンスを発揮

ワーク・7
窮地で自分の思考に反論する
~リアルタイムで、レジリエンスを発揮~

リアルタイムで自身の思考を検証

　窮地に陥ったとき、その場で自身の思考に反論するスキルは、レジリエンスを高める強力な手法です。
　これによって、**より柔軟に、かつ正確に物事をとらえ、自分の感情を前向きに、楽観的な方向に変える**ことができるようになります。また、自分の「思考のクセ」を振り返るきっかけにもなり、将来的に同じような場面に遭遇した場合に、どう解釈してどう行動したらよいか、未来への備えもできるようになります。
　最初は難しいと感じるかもしれませんが、マスターすれば、一生役に立つスキルを手に入れられることになります。

ワーク4と5に慣れるのが先決

　このワーク7のスキルを磨いていくためには、まずワーク4と5を実践して、自分の思考を検証するトレーニングを実際に経験しておくことが前提となります。紙に書き出す形で、自分の思考に反論するワークを数回行なってみましょう。そうして慣れてきたら、日常生活の中で、このワークを実践するようにしてください。具体的には、**その時その場、「リアルタイム」で、3つの問いへの言い換え**を頭の中で行なっていく練習法です。

| 反論 1 | 「もっと正確な見方をすると…」 |

| 反論 2 | 「それは正しくない。なぜなら…」 |

| 反論 3 | 「もっと、ありえそうな結果は…」 |

それでは次ページから、3つの反論について、順に詳しく見ていきましょう。

反論 1 「もっと正確な見方をすると…」

　下の枠内のフレーズを使って、最初に浮かんだ思考よりも、状況をより**正確に説明する言い換え**を行なってみましょう。

> 経験者が有利だから
> 自分は採用してもらえない

▼

「もっと正確な見方をすると…」

> 未経験でも、熱意をアピールして採用される人はいるので、自分も応募してみよう！

　ワーク4では、「説明スタイル」の3つのスケール（自分・自分ではない、いつも・いつもではない、すべて・すべてではない）を使って、自分の思考のクセを知り、**より正確に出来事をとらえるトレーニング**を行ないました。ここでは一歩進んで、リアルタイムの言い換えに挑戦してみましょう。

反論 2 「それは正しくない。なぜなら…」

　下の枠内のフレーズを使って、最初に浮かんだ思考に反する事実を見つけて、**反論する言い換え**を行なってみましょう。

> 書類作成が、いいかげんだ。
> 部下は手を抜いている

「それは正しくない。なぜなら…」

> この書類を作るのは部下は初めてだ。慣れていないので、あちこちに不備があるだけだ。

　さらにワーク4では、「**思考の検証シート**」に、「自分の思考を裏づける事実（有利な証拠）」「自分の思考を打ち消す事実（不利な証拠）」を具体的に書き出してみることで、**より多角的に出来事をとらえるトレーニング**を行ないました。これも一歩進んで、リアルタイムの言い換えに挑戦してみましょう。

反論 3 「もっと、ありえそうな結果は…」

下の枠内のフレーズを使って、最初に浮かんだ出来事の展開よりも、**ありえそうな出来事の展開への言い換え**を行なってみましょう。

> どうしよう。
>
> 仕事が納期に間に合わない

> 「もっと、ありえそうな結果は…」
> 作業を同僚に手伝ってもらうことで、
>
> 「それならば私は…」
> 納期までに仕上げることが　　できる！

　ワーク5では、「最悪のケース」「最高のケース」「最もありえそうなケース」の「3つのシナリオ」を作成して、**より冷静に出来事を受け止めて対処するトレーニング**を行ないました。ここでは一歩進んで、リアルタイムの言い換えに挑戦してみましょう。

3つの「リアルタイム・レジリエンス」を磨くコツ

　いかがだったでしょうか。これらの「言い換え」は、現時点ではうまくいかなくても、心配は無用です。練習して少しずつ上達していけばそれでよいのです。そのためのコツを、ここでいくつか挙げておきます。

●毎日練習する
職場や学校など、日常生活の中で場数を踏んでいきましょう。

●短い「決め言葉」を使って言い換える
とくに慣れないうちは、言い換えのきっかけになるフレーズを頭に入れておくと、うまくいきます。自分に合うものを作るのもおすすめです。

●なるべく詳細に、具体的に表現する
出来事を多角的にとらえて、柔軟に思考することができるようになります。

●スピードより内容
言い換えるときに、思考のプロセスを端折らないようにしてください。焦らなくても、スピードは後からついてきます。

●ミスがないか振り返りをする
1日の終わりや、週の終わりに、ワーク4と5のフォーマットを使って、自分の言い換えが適切だったかどうかチェックしてみましょう。

　慣れてくると、最初の反論よりもずっといいものが思い浮かぶようになります。その場で素早く言い換えられるようになり、自分の成長を実感することができるはずです。

これで本書のワークは、ひと通りおしまいです。おつかれさまでした。しばらく時間を置いて、もう一度すべてのワークにチャレンジしてもいいですし、気になるワークだけおさらいをしてみるのでもかまいません。『ABC日記』を習慣にしてもいいですし、困難な状況に出くわしたときに本書を引っ張り出して参考にしてみる、といった使い方でもいいでしょう。
　困ったときには、いつでも本書を横に置いて、みなさんの毎日に役立てていっていただければ幸いです。

ワークシート集
ワーク1&ワーク4

ページをそのままコピーして、ご活用ください。

苦手な「出来事」特定シート

No.	出来事	感情	行動	評価

ワーク1 ステップ1 気になる「出来事」を書き出す　P18

『ABC日記』

日付	出来事	思考（解釈）	結果（感情・行動）	点数

ワーク1 ステップ4 『ABC日記』で思考をキャッチする　P22

思考を表す「円グラフ」

●逆境(A 出来事)

●なぜ思考(B 解釈)の比率

なぜ思考1
％

なぜ思考2
％

なぜ思考3
％

なぜ思考4
％

ワーク4 ステップ2 円グラフで「原因」を表してみる　P68

「説明スタイル」のスケール

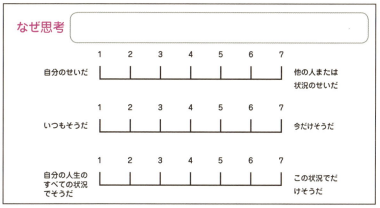

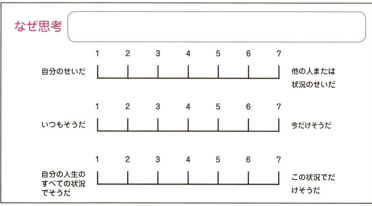

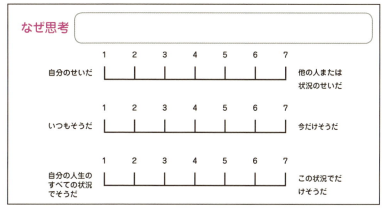

ワーク4　思考の「検証シート」

思　考	有利な証拠	不利な証拠

ワーク4 ステップ5 自分の思考の正確さを検証する　P74

おわりに
〜レジリエンス・ストーリーの立役者たちへ〜

　このワークブック執筆のお話をいただいたのはもう2年以上も前になります。当時、私は6年間のアメリカ留学から帰国し、いわゆる「リバース（逆）カルチャーショック」を乗り越えた頃でした。いよいよ日本でもレジリエンスが注目され始めたのだ……そんな感慨深い印象を受けたのを、昨日のことのように覚えています。そして、レジリエンスへの社会的な関心の高まりに応じて、本格的なレジリエンス・トレーニングの紹介が待望されるようになりました。

　ペンシルベニア大学在籍中、私は幸運にも、「ペン・レジリエンシー・プログラム（PRP）」というレジリエンス・トレーニングの開発者たちの下で、長らく研鑽を積む機会を得ました。そして、ペンシルベニア大学を拠点に、主には学校介入研究としてローカルで地道に活動していたPRPが、世界各国の公私立学校への導入をはじめ、国家を挙げての教育政策や、軍隊での大規模トレーニングにおける採択と、まさに世界規模のプログラムへと巨大化していく様を、現地でまざまざと目の当たりにしました。

　「レジリエンス・トレーニング」という言葉をビジネス誌で日本に紹介したのはちょうどその頃でした。PRPのノウハウが、日本でもいつか必要とされる日が来るに違いない……日本人一人、異国の地にあって、孤独感を抱えながらもそんな思い一つでやっていましたが、拙記事を受けて、わざわざ現地まで連絡をくださった方々の母国からの声がどんなに大きな心の励みになったことか知れません。

　しかし、PRPには著作権が存在しました。開発者本人たちですら、PRPの一般人への幅広い情報公開を強く希望しながらも、意のまま

にならないという厳しい現実がありました。私もこの著作権の壁に阻まれ続けた一人でした。自分でトレーニングプログラムを作成してしまったらどうですか、とサジェスチョンをくださる方々もいました。しかしやはり、せっかく貴重な時間を割いて本を手にしてくださる読者の方には、自分が知り得る限りでの最高のものを提供したい……その気持ちは終始一貫して変わることはありませんでした。

私にできることはと言えば、著作権を遵守した上で、PRPの内容を忠実に日本に紹介する道を模索する努力を続けることだけでした。その過程は、私にとっての逆境の物語、いわば「レジリエンス・ストーリー」だったかもしれません。しかし、逆境における苦しみを共に担ってくれた人たちのお陰で、その苦しみは軽減されました。

まず、プログラム構成として二層構造を成すPRPの土台部分を詳述した『レジリエンスの教科書』（草思社）の翻訳・出版を可能にしてくださった三田真美さん。この本における用語の表記は、なるべく同書の拙訳語に合わせました。次に、民間企業での研修・教育普及用に開発され、PRPとは別のルートを辿った末に、ペンシルベニア州政府で管理されていたプログラムの著作権を取得し、日本ポジティブ心理学協会（JPPA）と提携してくださったPowerThinking Corp.社のスタンレー・グリーンさん。これでやっと、PRPのフレームワークを日本でも紹介できる運びとなりました。

そして、この２年以上もの間、根気強く励ましてくださり、この本の刊行を待ち続けてくださった、すばる舎編集部の原田知都子さん。執筆者でJPPAトレーナーの滝本繁さんや、滝本さんを支えてくださった協会関係者の方々を含めて、レジリエンス・ストーリーの立役者であるお一人おひとりに厚く御礼申し上げます。

日本ポジティブ心理学協会代表理事　宇野カオリ

著者紹介

日本ポジティブ心理学協会（JPPA）

正式名称、一般社団法人日本ポジティブ心理学協会（英名：Japan Positive Psychology Association　略称：JPPA）。

「JPPAポジティブ心理学プラクティショナー養成・認定コース」の授業風景

2011年1月設立。国際ポジティブ心理学会(IPPA)日本支部。「よい生き方」を探究するポジティブ心理学の科学を通して、個人や組織、地域社会においてウェルビーイング（持続的幸福）があまねく共有され、最高最善のメンタルヘルスやパフォーマンスが定常的に実現するような環境づくりの一翼を担うことを使命とする。

世界各国のポジティブ心理学協会代表者による年次会合の様子

国内初の試みとして、ポジティブ心理学の正しい学術的知見を多様な実践現場で活かせるプロの実務家を養成する各種講座ほか、企業研修や講演、メディアへの情報提供を行っている。研究開発・教育・事業部門を有し、世界各国にネットワークを持ちながら、国内外でポジティブ心理学の普及促進に努めている。

協会の最新の活動状況については
URL：www.jppanetwork.org

監修者紹介
宇野カオリ（うの・かおり）
兵庫県出身。日本ポジティブ心理学協会（JPPA）代表理事。筑波大学研究員、法政大学、放送大学、跡見学園女子大学講師。国際ポジティブ教育ネットワーク（IPEN）日本代表。

ポジティブ心理学創始の地であり、世界最強のレジリエンス・トレーニングで有名な米ペンシルベニア大学で学び、日本に初めてその概念や技法を導入。研究と実務家教育に携わり、「本物のポジティブ心理学に出会えた」と評される講義を展開する。

『レジリエンスの教科書』（草思社）、『逆境・試練を乗り越える！「レジリエンス・トレーニング」入門』（電波社）、『ポジティブ心理学入門』（春秋社）など、レジリエンスやポジティブ心理学の理解に欠かせない著書・翻訳書多数。

執筆者紹介
滝本繁（たきもと・しげる）
広島県出身。JPPA認定ポジティブ心理学プラクティショナー、JPPAトレーナー。山一證券で人事部人事企画課長、研修課長を歴任。同社の経営破たんにより、ヘイ・コンサルティング・グループに転じ、取締役ディレクターを務める。その後、ゆめカード（イズミグループ）代表取締役社長などを経て独立。経営・人事および人材開発分野における幅広い実務経験とポジティブ心理学の知見を融合した独立系の経営コンサルタントとして活動中。

装丁　吉村朋子
装画　富永三紗子

折れない心のつくりかた～はじめてのレジリエンスワークブック～

2016年11月7日　第1刷発行
2023年　9月1日　第4刷発行

著　者───一般社団法人日本ポジティブ心理学協会

監修者───宇野カオリ

執筆者───滝本繁

発行者───徳留慶太郎

発行所───株式会社すばる舎

　　　　　東京都豊島区東池袋3-9-7 東池袋織本ビル　〒170-0013
　　　　　TEL　03-3981-8651（代表）　03-3981-0767（営業部）
　　　　　振替　00140-7-116563
　　　　　http://www.subarusya.jp/

印　刷───株式会社シナノ

落丁・乱丁本はお取り替えいたします
©Kaori Uno　2016 Printed in Japan
ISBN978-4-7991-0568-9